MATERNIDADES

MATERNIDADES

GAZTEA RUIZ
RAMÓN RUIZ

A vosotras

Título: Maternidades
Autor: Gaztea Ruiz y Ramón Ruiz
Editorial TintaMala
ISBN: 978-84-16030-00-2

ÍNDICE

LAS ESPERAS

ESPERA PRIMERA I

Como si tal cosa,
se va inflando la carne
en busca del milagro
redondo y caliente de la vida.

El universo se encoge
de curiosidad y amor,
aferrado a esa montaña
toda piel y ternura.

Por entre la entraña
se presiente un latido acelerado
que va construyendo la anatomía
de una risa familiar.

Y yo, mientras tanto,
aguanto la respiración,
porque soy el testigo
más afortunado del mundo.

ESPERA PRIMERA II

Un silencio breve
mientras la matrona
acercaba el micro
al vientre de Inma,
el centro de mi vida.

Entonces escuchamos los latidos de Ander.

Un tamborcillo
loco y acelerado,
una primavera
de golpecitos,
un rayo
de azúcar sonora
que iba y venía
del corazón al oído
y del oído al alma.

¡Galopa potrillo!
¡No pares!
¡Dale ritmo al mundo,
hijo mío!

ESPERA PRIMERA III

Nosotros te hemos llamado, hijo,
de lo profundo del tiempo
a la luz, al dolor,
a un mundo loco.

Verás almas sucias,
el aire endurecido verás,
miradas sinceras,
soles naciendo y muriendo,
caricias, puertas abiertas,
las marejadas del Cantábrico,
todo eso y más... prepárate.

Nosotros te hemos llamado, hijo,
de lo profundo del tiempo
para algo sencillo:
amarte con furia.

ESPERA SEGUNDA I

Para vengarme de la muerte
pienso en la esperanza
de clara oscuridad
que ofrece tu vientre.

En esa curva
de carne y redención
en la que amparo
un sueño que,
de puro luminoso,
me tiene mudo y cegado.

Mi descanso y mis trabajos,
mis días con sus noches
están pendientes
de tu noticia, compañera.

ESPERA SEGUNDA II

Me es difícil, hijo,
reunir un ramillete de silencio
cuando todo alrededor
es ruido y lanzas.

Pero debes saber
que un príncipe te espera
porque tú también lo eres.
Un príncipe te espera
junto a dos cortezas enamoradas
y una manada de corazones
dispuestos al abrazo.

Aquí estamos y estoy
pendientes del hueco de mundo
que pronto estrenarás.

Hemos peinado los mechones al viento
y perfumado las ventanas…
Llegarás.

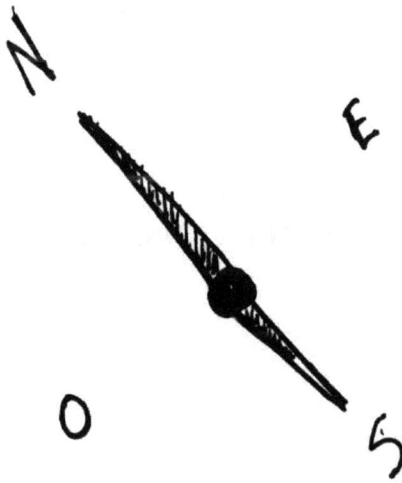

N

E

O

S

LAS LLEGADAS

LLEGADA PRIMERA

Te echábamos de menos.

Vienes desde siempre,
del país de los gigantes
donde no existen pañuelos
y todo es a cada instante.

Ellos te han llamado,
y vienes porque quieres,
al lugar de los pequeños,
donde el aire se entretiene
y se acunan los sueños.

Yo sé que me conoces,
me lo ha dicho mi Dueño,
que ya estuvimos juntos
a la vera de un lucero.

Te espero en mi jardín,
con hierbabuenas, besos...
y una rosa para ti.

LLEGADA SEGUNDA

Porque te esperaba.

Viene un príncipe de olas,
acunándose en su barco
de conchas y caracolas,
para mandar en vuestro cuarto.

Llega allende el mar de plata,
donde Ander le dejó,
con su risa de pirata,
el mapa de su habitación.

Ya está aquí, dice mi primo,
con su nariz de caramelo,
mi corazón da un suspiro
y están de fiesta los luceros.

LOS DÍAS CON SUS NOCHES

LA ENTRAÑA ILUMINADA

MIRA TUS HIJOS MUJER

Mira tus hijos, mujer,
porque ya jamás
volverás a estar sola.

La luz de estos días
vertiginosos
se ha pegado a tus gestos.

Por mirar y para mirar,
vivirás,
esos bultos calientes
que levantan su asombro
asombrando de luz los instantes.

Toca la felicidad.

Mirarás, vivirás,
por ellos y con ellos,
recibirás el veredicto de dolor y gozo
a lo largo de sus caminos.

Mira tus hijos mujer,
porque ya jamás
volverás a estar sola.

VOY A VER QUÉ HACEN MIS GORDOS

Tus gordos duermen
y tu mirada les acaricia:
el silencio viene a contarme
de vuestras ternuras.

Te asomas
al barranco mullido de su cuna y su cama
donde dos príncipes
se acurrucan
en el lento pasar del sueño infantil.

Sonríes a la penumbra,
tus gordos duermen.

La habitación te sonríe a ti.

Esta noche,
el color gris se queda
de ventanas afuera.

SI MAÑANA OS FALTO

Si mañana os falto,
compañera de mi entraña,
que no falte la luz,
ni las ganas, ni la intención,
ni la verticalidad de las palmeras,
ni tu boca con su fruto de risa,
ni las palabras –mis niños, mis príncipes–,
ni el olor a salitre,
ni el enfadado Cantábrico con sus marejadas,
ni el Maestro Morondo,
ni Ortuella, ni Logroño,
ni Málaga, ni Villarrobledo,
ni la tortuga anciana,
ni la tata, ni los titos.

Compañera mía, entraña,
si mañana os falto
que sólo os falte yo.

LACTANCIAS

El doble plenilunio
se almendraba en azúcar
blanca y líquidamente.

La carne se deshacía
en leche
y se rehacía
en la gloria caliente
de otras dos carnes.

Los pechos construían
dos hombres,
las manos modelaban
unas miradas azules, verdes, grises, negras...
¡qué sé yo de qué color!

Se empapaba la vida,
ocurría un milagro sencillo:
tus niños mamaban.

REGAZO

Apretados,
corazón y corazones,
tu mirada besa sus contornos.

En los cojines lunados
se apoyan dos sonrisas
disfrazadas de suspiro.

Se revuelven y arremolinan,
se giran, señalan todo,
suben por las lactancias
y te desbaratan las cejas.
Después, mar en calma.

El aire se posa
con delicadeza
en tu pelo,
el tiempo se entibia
en tu abrazo,
con tus niños,
con tus niños en brazos.

UN OLEAJE DE PELO CASTAÑO

Como un muestrario de otoños
ensimismados de lluvia y mañanas de domingo.
Como una medusa de terciopelo
que se tumba indolente en el viento.
Como una hilatura que principia negra
y muere en oro dormido,
con su volumen de volutas incendiadas.
Como un oleaje que huele secamente a mujer
y que se desparrama sobre blancura
cuando la puerta de la vida se anilla.
Tu pelo, que en secreto me tiene atrapado.

AQUELLOS SOLES DE NOVIEMBRE Y DICIEMBRE

Aquella luz tímida del sol en invierno
que se iba adivinando en el oriente,
mientras las manos se preparaban
para acudir a sus quehaceres
y la mañana, olvidadiza,
parecía retrasar su clara labor.

Cuando tu rostro fue por dos veces fatiga
feliz de alumbramientos
y las carnes estrenadas nos miraban.

Entonces,
aquellos soles de noviembre y diciembre,
encarcelados tras la rutinaria lluvia cantábrica,
¡cómo me calentaban!

TÚ Y ELLOS: MI CASA

Si no hay paredes
que partan en dos al nordeste,
ni ventana
por la que se cuele la luz
–que las olas tiñen de verde–,
ni puerta
que rasque arrullado el frío de enero,
ni tejado
que bese intempestivamente la lluvia…

Será que
ya
no estáis,
que mi casa
ya
no es mi casa
y que yo
ya
no soy yo.

MAREA VIVA DE RISAS

Miente
quien afirma otro paraíso
distinto a vuestras risas,
y se equivocan
de propiedades e inversiones
los de los bolsillos abultados.

No saben
los diputados que la vida
se legisla sola
y desconocen que vuestras cosquillas
son reglamento poderoso.

Y qué perdidos
los constructores cuando sueñan cemento
y pesadillan comisiones,
y los consejeros delegados y los managers ejecutivos
entrajados de tareas pendientes.

Porque ignoran
que el planeta siempre busca
la alegría de una madre y sus hijos,
tu alegría con Ander y Dani.

CABALLITO

"Pegasos, lindos pegasos"
Antonio Machado

"Ander y Dani fueron a Madrid
en un caballito gris,
al paso, al paso,
al trote, al trote,
al galope, al galope, al galope".
Popular

Alzados
por el tío-vivo
de tus brazos
cabalgan dos vidas
nuevas.

La luna cuelga
quieta
de la lámpara
y abajo
todo es puro vaivén
de rodilla,
de ternuras
que suben y bajan
puramente
manchadas de risa.

Después, comienzo a hacer hueco
a la nostalgia
que indudablemente vendrá,
cuando ya no haya arre caballito,
ni arriba, ni abajo,
arre caballito,
arre, arre, arre.

MAÑANA QUE YA ES AYER

Como en un número de magia,
poco a poco y rapidísimo,
tus príncipes van sumándonos arrugas
con la gloria de sus risas.

El mañana muda su nombre
en un giro presente y fugaz:
las alboradas son arena en los dedos.

Todo tiene alas y se está yendo
mientras sigo parado mirándoos
–mi mejor forma de ganar el tiempo perdido–.

¡Abrázame mujer, que el viento agresivo
del tiempo me tiene acobardada la voluntad!

Si hoy ya es ayer y recuerdo,
¿dónde estábamos mañana, compañera?

LOBA

Me gusta
cuando enseñas la doble hilera de nácar
dispuesta
a quebrar las almas sucias
que maquinan
oscurecer las carnes compartidas.

Me gusta
cuando tus manos se llenan de cuchillos y hachas
y marcas
un círculo abrasante de amenaza
que deja
clavados fuera el frío y el dolor.

Me gusta
cuando partes el aire ponzoñoso,
alzando
tus ojos en marejada
que acogen
una mirada de mar arbolada.

Me gustas
cuando eres una loba y nadie
toca a tu niños.

ENTRAÑA

La tierna
firmeza de tu entraña,
hembra mía en los partos,
obedeció
solitaria
su mandato duro de maternidad.

Con un quejido milenario
anunciabas tu dolorosa condición
de madre
en proceso,
mientras otra madre, la tuya,
conmigo,
entre una multitud de miedos,
rascábamos silenciosas preguntas
en la puerta
muda
del paritorio,
maternidad primera;
y dos años después,
yo,
como un náufrago asido a tu mano,
trataba de sujetar
la bóveda hermosa
de tu esfuerzo,
maternidad segunda.

Rompiéndose,
dio luz a las carnes tu carne.
Lloramos
los movimientos que arrancó la vida en sus pulmones.

Bendijimos
tu bendita y quebrada entraña.

ES SAGRADO LO QUE ENCIERRA

De padre
a padre y padre,
por madre
a madre y madre
llegaron a tu vientre
dos promesas
sagradas de latidos.

Fuiste cáliz
para dos herencias de esperma
y alquimia:
sin levantar la vista
miraste cara a cara
la camisa negra
del tiempo.

Sujetos
al poner y levantarse
del sol,
mis mayores se hicieron
deseo,
entrega,
inundación,
electricidad,
vida,
volumen,
movimiento,
respiración,
llanto,
risa y ojos.

TU VIENTRE SIGUE OLIENDO A VIDA

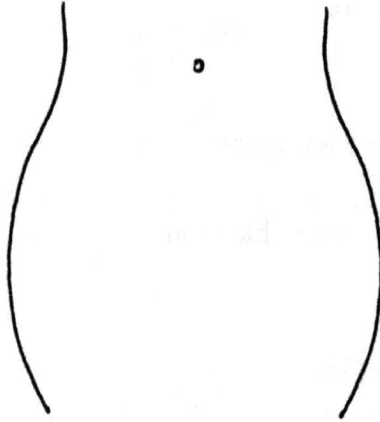

Tu vientre sigue oliendo a vida, con ese aroma sencillo a mañana de mayo. Como si todavía fuera entonces, tengo el corazón rezagado en el frutal de maternidades que te engalanaba.

A tu alrededor se arremolinan en tropel mis pensamientos, recordando, soñando gestaciones y lactancias.

Tu vientre sigue oliendo a vida, con ese aroma sencillo, con ese aroma…

TE QUIEREN MÁS A TI

A ti,
sí,
a ti,
te quieren más a ti
que a mí.

No a mí,
a ti,
te quieren más, sí.

De los dos,
a mí no,
sino
a ti, tengo razón
si digo que ellos dos,
de nosotros dos,
a mí no.

A ti, sí,
a mí no,
sí, no, sí.

MATERNIDAD PRIMERA

DORMIDO

Ya se duerme mi niño,
se encoge el día,
se marcha el sol y llega
la noche fría.

Sabanitas de Holanda
guardan su cuerpo,
mi aliento le calienta
envuelto en sueño.

Mi voz se va vertiendo
junto a su cara,
dulcemente le acuna
y le engalana.

Ea la nana,
ea la nana,
ya se duerme mi niño
hasta mañana.

DESPIERTA UNA PRIMAVERA

Cuando por fin despierta
es primavera,
el alba es una niña
coqueta y fresca.

Esa perlilla blanca,
risa chiquita,
me ha despeinado el mundo
con su visita.

Abriendo bien los ojos
mira la vida,
la leche con mamá
llega enseguida.

Ea la nana,
ea la nana,
se está vistiendo todo
de breve nata.

MARINERO

Armándose de espuma
se echa a la mar,
navega en su barquito
mi capitán.

Huele a salitre Ander
cuando le sueño,
mientras las olas lamen
sus pies pequeños.

Recorre sin descanso
los siete cielos,
va recogiendo estrellas
mi marinero.

Ea la nana,
ea la nana,
mis brazos en la mar
serán su barca.

OJOS

Al pasar por tus ojos
queda la luz
teñida de un capricho
denso y azul.

Te miro mirándome
y nada más,
se olvidan los relojes
de su tic-tac.

Ahí dentro entra un cielo
–cabe tu madre–
también entra un desastre
–cabe tu padre–.

Ea la nana,
ea la nana,
la vida es un milagro
de tu mirada.

ORGULLO DE MI SANGRE

Como un clavel alegre
que mece el viento,
con tu risa perfumas
mi pensamiento.

Sujeto de los aires,
subido a mí,
me has metido en las venas
hambre de ti.

Los patios y las tardes
tibias de mayo
te contarán cositas
que yo me callo.

Ea la nana,
ea la nana,
está de ti la vida
enamorada.

COCHINO-JABALÍ

Una ternura embiste
pataleando,
sábanas y almohadas
va derribando.

De un barullo de mantas
–llueve en la calle–
a una pared de besos
gruñendo sale.

Se encarama en mi pecho,
primo del sol,
en mi pobre cabeza
toca el tambor.

Ea la nana,
ea la nana,
mira la fierecilla
que todo arrasa.

TRIPERILLO

Mi niño triperillo
es un glotón,
mamoncete y goloso,
es un tragón.

Verduras, leche, fruta,
zumo y galletas,
helado, langostinos
y magdalenas.

El corazón me canta
cuando le veo
frente al plato vacío
con el buche lleno.

Ea la nana,
ea la nana,
siempre tiene este niño
de comer ganas.

LAS PUERTAS DE LA VIDA

La vida con sus puertas
tienes abierta,
presencias y querencias
están despiertas.

Manchados de alegría,
los corazones
se entregan al trabajo
de tus sabores.

Entra en el aire,
pruébalo todo,
acaricia la luz,
vuélvete loco.

Ea la nana,
ea la nana,
desde que tú llegaste
me tiembla el alma.

NOCTURNO

Una tela de herrumbre
raspa mi entraña
dejándome la boca
llena de arañas.

Me entra una bicha mala
que ahueca el sol,
se me estraga la risa
con tu dolor.

Hijo mío no temas,
no temas nada,
escucha que tu madre
canta esta nana.

Ea la nana,
ea la nana,
verás que si tú quieres
todo se aclara.

CARRERAS

Recorres con tus pies
de viento y miel
cada uno de estos días
llenos de fe.

Va tu carne feliz
y rapidísima
desriñonando abuelos,
tíos y tías.

Con pasos de algodón
corres ligero,
rendido caerás
en dulces sueños.

Ea la nana,
ea la nana,
eres un pajarillo
de tiernas alas.

TU RISA

Se acomoda en tu boca
–será la vida–
la esperanza del mundo
–será tu risa–.

La sabia en los troncos
se está agitando
en busca del sonido
que has habitado.

Tu risa me alimenta,
me hace valiente,
es una llama fresca,
verde y caliente.

Ea la nana,
ea la nana,
tras la risa vendrá
la carcajada.

EL HOMBRE QUE SERÁS

El hombre que serás
serenamente
pensará en nuestra ausencia
cálidamente.

En nombre del amor
guardo tus pasos
y porque es un tesoro
tu risa amparo.

Que venga la mañana
cada mañana,
que no falten las ganas
de tener ganas.

Ea la nana,
ea la nana,
a tu lado la noche
siempre es temprana.

UN DIENTECILLO

Un suspiro de mármol
en un mar tierno,
una blancura hambrienta
está creciendo.

Aprendiz de mordisco,
azahar duro,
es una risa en prácticas
y sin seguro.

La cucharilla dice
que un diente asoma
con un sonido corto
que nos asombra.

Ea la nana,
ea la nana,
se llenará tu boca
de luces blancas.

FIEBRE Y SOMBRA (HOSPITAL DE CRUCES)

Una sombra violeta
cubre a mi niño,
en su frente la fiebre
es un martillo.

Un triste sueño añil
le deja quieto,
con una calentura
de frío y miedo.

"Mamá te mira y mira,
mamá te cuida",
nuestro príncipe duerme,
duerme y se cura.

Ea la nana,
ea la nana,
cúrate primavera
de nuestra entraña.

MI DENTADURA EN TU DEFENSA

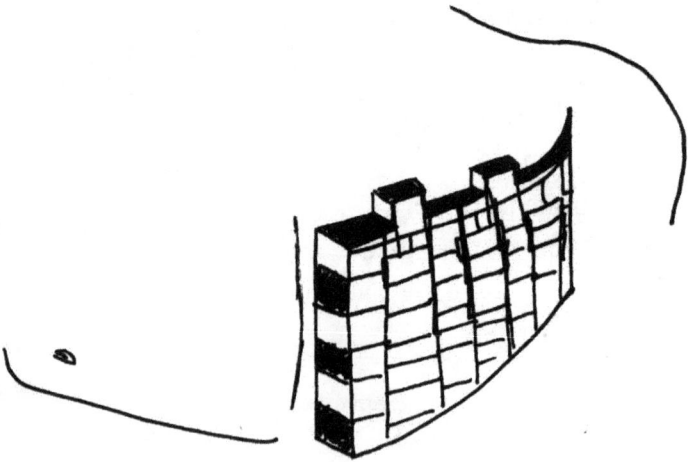

No tocarán tu pelo
las manos huecas,
ni la bruma pastosa
de la tristeza.

Como patria pequeña
seré tu abrigo,
seré lo que será,
siempre contigo.

Vendrá mi dentadura
–vendrá mi herencia–
delicada y violenta
en tu defensa.

Ea la nana,
ea la nana,
por ti será mi piel
una muralla.

LAS HORAS ILUMINADAS DE UNA MAÑANA EN LA PLAYA, FUERA DEL TIEMPO

El viento del nordeste
vino a Urdiales,
entonces su palabra
cumplió tu padre.

Horas iluminadas
mientras jugabas,
la luz enamorada
y yo miraba.

El mar es tu regalo,
tu risa el mío,
tú con la arena y el agua
y yo contigo.

Ea la nana,
ea la nana,
se vuelve eterno abril
en nuestra playa.

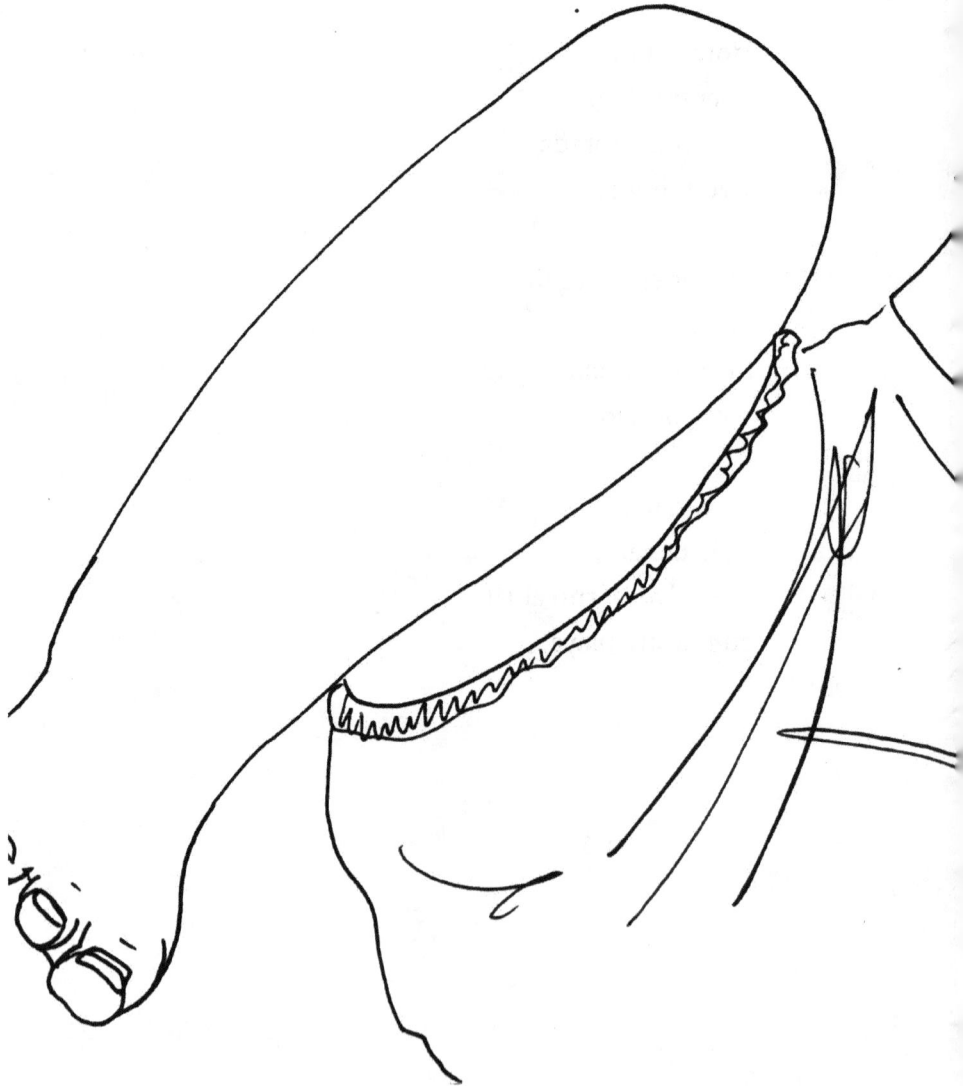

MATERNIDAD SEGUNDA

DORMIDO

El aire se encapricha
de tu ternura
que principia latidos
leche y altura.

La cuna y las paredes,
tan silenciosas,
miran crecer la vida
junto a tu boca.

Con esa piel gloriosa
y sus contornos
participas un sueño
caliente y hondo.

Ea la nana,
ea la nana,
cuando duerme mi Dani
nadie le alcanza.

DESPIERTA UNA PRIMAVERA

Como dos fogonazos
abres los ojos,
dos solecillos negros
que agarran todo.

Para verte se asoman
por la mañana,
se amontonan las luces
en la ventana.

Estrenas mi sonrisa
cuando despiertas,
la casa de la pena
queda desierta.

Ea la nana,
ea la nana,
tengo el cuerpo en verde
desde tu rama.

107

MARINERO

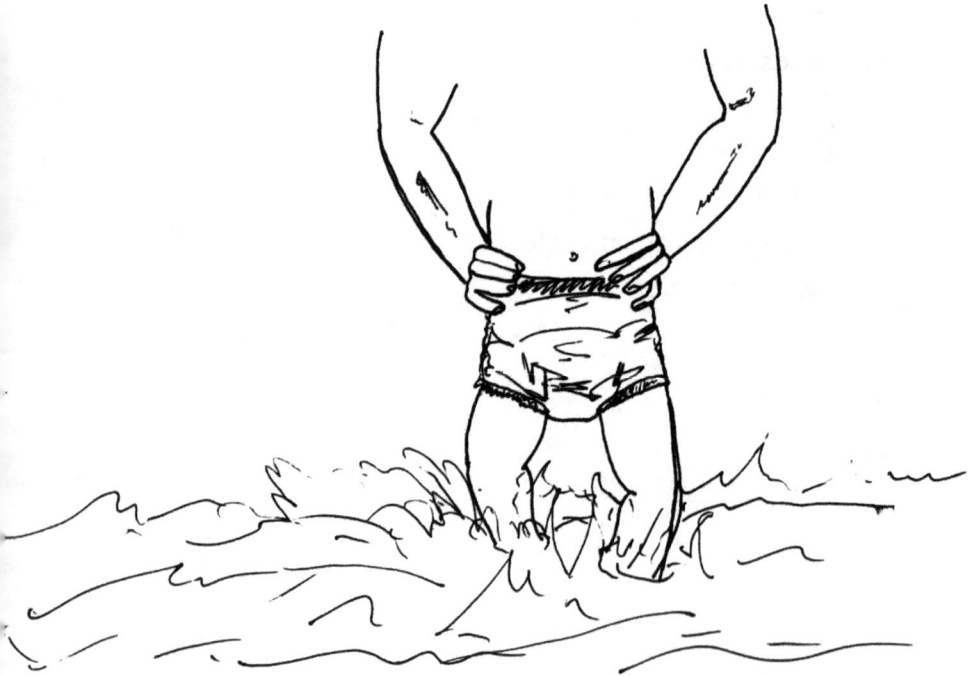

Partiendo el agua Ander
ríe contigo,
cincelando a las olas
su lomo frío.

El mar se espuma y seca
con alegría
cuanto te encuentra y roza
sobre la orilla.

Una tela de arena
sal y cosquillas
abrillanta tus manos
con luz marina.

Ea la nana,
ea la nana,
al mirarte las olas
quietas no paran.

OJOS

Tus círculos dan frío
pero calientan
puliendo las esquinas
con su luz negra.

Tu mirada me pesa
sobre los hombros
como un beso robado
de labios rotos.

Esas oscuridades
doman blancuras,
densidades acristalan
que quedan puras.

Ea la nana,
ea la nana,
los ojos de mi niño
hieren y calman.

ORGULLO DE MI SANGRE

De rojo en rojo vamos,
de golpe a golpe,
por la senda del tiempo
ancha de soles.

Tu corazón tan chico,
el mundo grande:
la sangre se me empina
para cuidarte.

Donde va tu mirada
van los de antes,
en mí ellos hechos uno
he de ampararte.

Ea la nana,
ea la nana,
aunque mi boca calle
siempre te canta.

MORROSQUILLO-PROTESTÓN

Pican la madrugada
toses y llantos
que de la cuna tiznan
lo alto del cuarto.

Un labio imperativo
exige luna,
cornea leche y madre,
regazos chupa.

Papitos gigantescos
tiene este niño,
tiemblan cuando protesta
el morrosquillo.

Ea la nana,
ea la nana,
su hambre es un terremoto
que mamá aplaca.

TRIPERILLO

Por blanca geografía,
los ríos blancos
fluyen muy almendrados
desde altos caños.

Su estómago-universo
trabaja zumo
de lunas y pezones:
milagro puro.

Su boca pequeña
se hace océano
dichoso, con mareas
de leche y pétalos.

Ea la nana,
ea la nana,
cordilleras lactantes
bebe y escala.

LAS PUERTAS DE LA VIDA

Alegrando alegrías
tembló el espacio,
se nos abrió la vida,
llegó tu llanto.

Mañana no es mañana
si no te encuentra,
ni tengo sol cabal si
no te refleja.

Nada fue ni será,
ni después ni antes,
sin lo que de ti abriga
pechos y calles.

Ea la nana,
ea la nana,
aún no sé por qué
el verde salta.

NOCTURNO

Una nube de agujas
besa mis ojos
pensando en tanto mal
y bien qué poco.

Esta sombra picuda
sacarme quiero
aunque a fuerza de uñadas
desuelle el cielo.

Si las manos me tiemblan
y la carne huye,
que tu risa restaure
cuanto concluye.

Ea la nana,
ea la nana,
antes de que te quiebren
borraré nadas.

CARRERAS

Alada sombra tiene
tu pie en abril
que se toma el planeta
por tamboril.

Yo curva y tu estela
de pirotecnia,
vértigo diminuto,
pasos y estrellas.

Alumno de zancadas,
carreras, vientos…
dejas en los rincones
un olor nuevo.

Ea la nana,
ea la nana,
reclamas con tu zurda
nuestras miradas.

CARRERAS

Alada sombra tiene
tu pie en abril
que se toma el planeta
por tamboril.

Yo curva y tu estela
de pirotecnia,
vértigo diminuto,
pasos y estrellas.

Alumno de zancadas,
carreras, vientos...
dejas en los rincones
un olor nuevo.

Ea la nana,
ea la nana,
reclamas con tu zurda
nuestras miradas.

TU RISA

Las corbatas tan serias
haces serpientes
con colores que hierven
bajo los dientes.

Esperanzas impone,
jajás comparte
tu boca que canciones
parte y reparte.

Tu lengua fina hinca
su trantrán verde
y los pechos caducos
alegres beben.

Ea la nana,
ea la nana,
cuando te ríes ríen
las alboradas.

EL HOMBRE QUE SERÁS

La jornada en que cumplas
los azahares
y lo que has de cumplir:
feliz tu padre.

Tras tu barba futura
será tu madre
de bronces y jazmín
un jardín grande.

Los soles te habrán dado
una verdad
y las noches altura.
Hombre serás.

Ea la nana,
ea la nana,
el hombre que serás
será mañana.

UN DIENTECILLO

Y tu risa sin dientes
ya no sería
más desdentada, sino
tan sólo risa.

Camino de marfiles,
cielos de bocas,
descubrimiento sólido:
pequeña roca.

La morena de lunas
¡cómo saltaba!
un rayo en tu saliva
¡cómo brillaba!

Ea la nana,
ea la nana,
los tintines madrugan
en la cuchara.

GARRA EN TU PECHO

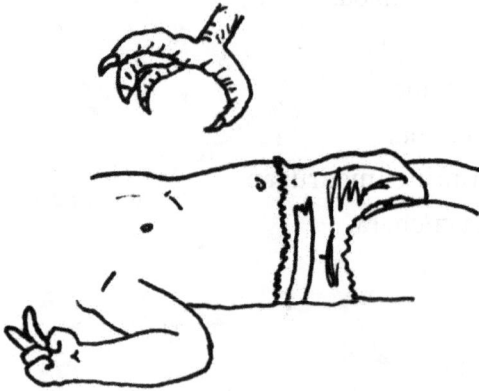

Una garra en tu pecho
vino a turbar
–olías aún a vientre–
tu buen soñar.

Se aceleraba el aire
en tu garganta,
pero entrando y saliendo
no te tocaba.

Crujiente acordeón,
tu costillar
se hinchaba y aflojaba,
roto cristal.

Ea la nana,
ea la nana,
el pecho de mi niño
no se calmaba.

MI DENTADURA EN TU DEFENSA

Es de mi voluntad
esta querencia
que para tu defensa
tosca se avienta.

Con cada dentellada
desgajo el sueño,
las noches pegajosas
me hacen pequeño.

Aunque después me arene
frente a tu espejo,
pretendo amurallarme
de piedra y beso.

Ea la nana,
ea la nana,
guardiana de tus ojos
será mi casa.

LAS HORAS ILUMINADAS DE UNA MAÑANA EN LA PLAYA, FUERA DEL TIEMPO

Le prometí a la luz,
también a Ander,
que contigo, Daniel,
tendrían mares.

La ensenada de Urdiales
es una ofrenda
de olas frías y espuma
que siempre os besa.

Mañana en las mareas
lava tus manos:
perdonarás tu pena
a este anciano.

Ea la nana,
ea la nana,
cómo se alegra el mar
cuando te bañas.

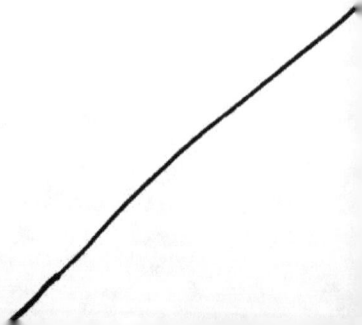

DIEZ PENSAMIENTOS

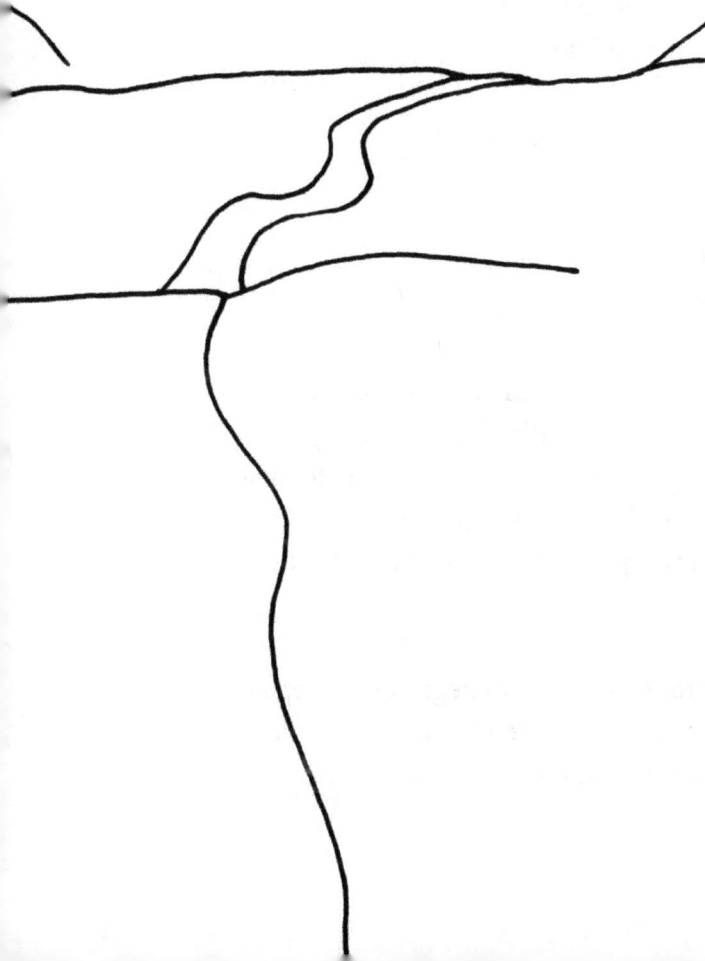

Fe. Apurad la luz.
Tened fe.
Mantened la fe.
Sin ella os perderéis.

Muerte. No la temáis cuando os dé su
abrazo frío y cerréis los ojos. Llegaréis a
un lugar en el que vuestra madre y yo os
estaremos esperando.

Amor. Por él vinisteis.
Para él estáis.
Esto es el amor
y lo otro está de más.

Vida. Tras mucho y tanto
pensarlo y poco o nada
entenderlo...
al fin sé qué es la vida.
La vida sois vosotros.

Lucha. La luz del día debe encontraros
combativos. Batallad las mañanas y las
tardes. Y a la noche, haced recuento, que
no haya quedado ningún compañero a
vuestra espalda. Si quedó, aún a oscuras, id
a buscarle.

Miedo. Es un caballo negro que galopa el
corazón, estremeciendo cada hueco de
vuestro ser. Mantened la calma, sed

valientes, saltad a su grupa y agarrad sus
crines. No lo detengáis, ni lo intentéis.
Dejad la rienda corta y el galope largo,
pero a dónde vuestra mano mande.

Mar. Casi nada os daré importante que
podáis tocar. Pero os he preparado un
tesoro humilde. Un recuerdo para el futuro.
Yo me ocuparé de que en los días duros
encontréis en vuestra memoria un niño
jugando entre las olas, bañado de espuma
y sol. Os tengo el mar preparado.
No le hagáis esperar.

Tiempo. Los relojes mienten segundos.
Dicen que el tiempo existe y que fluye al
ritmo que ellos marcan. Mentira. Cuando
vuestra madre os ponía a mamar de la
teta los relojes se quedaban mirándoos y
se olvidaban de cumplir su trabajo. Y al
final, de lo que llaman tiempo, os quedará
nostalgia y memoria, que no tienen
segundos ni minutos, ni son bisiestas.

Mayores. Observadnos despacio. Cada
gesto, cada respiración. Cada mirada.
Escuchad nuestras palabras, aprended.
Somos ejemplo: de lo bueno y de lo malo.

Alegría. ¡Qué alegría la alegría!
Incluso en la pena ¡qué alegría!

LA MADRE DE ESTE PADRE

LA MADRE DE ESTE PADRE

Tú yo somos un nombre
hecho camino
por el borde
inconsciente del tiempo;
cada letra levanta
la tinta y la voz
al infinito
para que la lluvia del norte
(amada lluvia cantábrica)
reparta en la tierra y en los hombres
tu amorosa valentía.

Tú y yo somos un nombre
innombrable,
una fiereza de sangre
humildemente interior,
como el cuarto donde habita
la memoria de nuestros muertos.

Roca, pan, escalera, casa,
tú y yo somos lo esencial,
una palabra voladora
crecida en el ruido de tus ojos.

Tú y yo, ama,
tú y yo.

LA MADRE DE LA MADRE DE ESTE PADRE

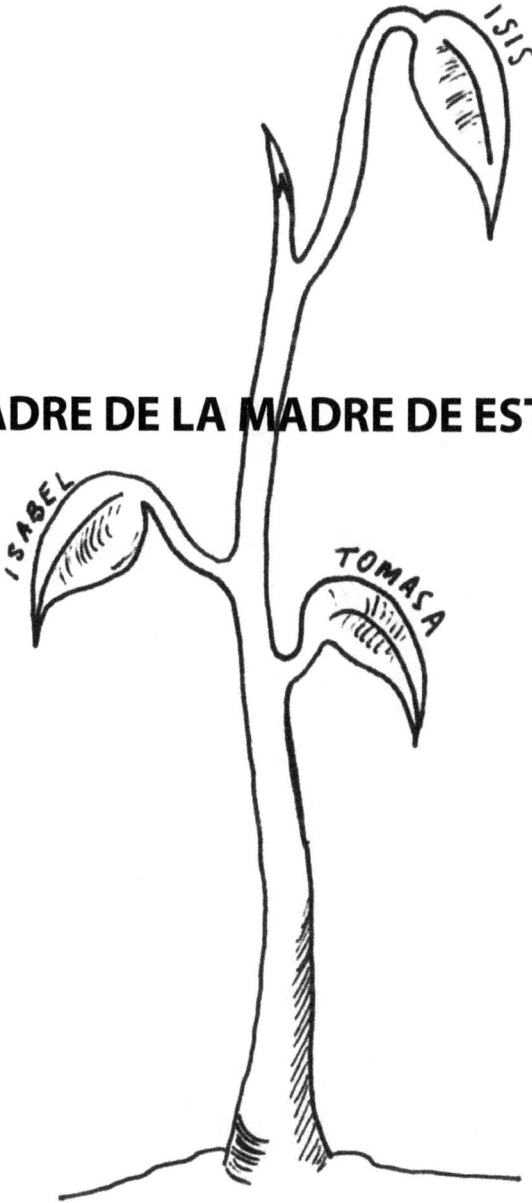

ISIS

ISABEL

TOMASA

LA MADRE DE LA MADRE DE ESTE PADRE

Las lágrimas llaman
a compartir los desgastados años
al vislumbrar apenas
la pesada losa de toda su existencia.
Sabe de días sordos
ocurridos en el pasado,
en aquel naufragio
cuando yo era semilla por germinar.
Su rostro es de leona
cuarteado por el tiempo,
de tanto amamantar retoños
hasta hacerlos hombres y mujeres.

Mira con sabiduría y desconfianza:
gigante y niña,
terrible y patética.

Continúa, resiste
y llama cansada a la muerte.
El gusto concentrado de sus días da miedo;
no hay nadie tan duro en su debilidad.
Para ella lo que se ve
es lo que es,
pero yo sé que sueña
con sábanas blancas
y con su marido.

Hembra valiente,
familiar, inabarcable,
eterna en la memoria infantil.

GAZTEA RUIZ (Barakaldo, 1976)
Periodista, editor y poeta

ÍÑIGO RUIZ (Barakaldo, 1980)
Diseñador y editor

www.tintamala.com
info@tintamala.com

www.ingramcontent.com/pod-product-compliance
Lightning Source LLC
Chambersburg PA
CBHW051428090426
42737CB00014B/2861